AF602222

THÉORIE

DES

PRESTATIONS SEIGNEURIALES,

AU MOYEN-AGE,

SERVANT D'INTRODUCTION À LA CINQUIÈME SÉRIE DES COUTUMES LOCALES DU BAILLIAGE D'AMIENS, QUE PUBLIE LA SOCIÉTÉ DES ANTIQUAIRES DE PICARDIE,

PAR M. A. BOUTHORS, GREFFIER EN CHEF DE LA COUR ROYALE D'AMIENS,
MEMBRE DE LA SOCIÉTÉ DES ANTIQUAIRES DE PICARDIE.

AMIENS,

IMPRIMERIE DE DUVAL ET HERMENT, IMPRIMEURS DE LA SOCIÉTÉ DES ANTIQUAIRES DE PICARDIE, PLACE PÉRIGORD, 1.

1845.

THÉORIE

DES PRESTATIONS SEIGNEURIALES.

SOMMAIRE :

1. — De la nature du cens. Il a en vue, le travail ou la chose du servant.
2. — Service à la maison.
3. — Service aux champs.
4. — Service à la guerre.
5. — Des prestations. Elles consistent en fruits, en bestiaux, en habits et en meubles.
6. — Cens de fruits. Blé, avoine, cire, fleurs.
7. — Cens d'animaux. Poules, brebis, oisons, viande, poisson.
8. — Censives de vêtemens et de meubles.
9. — Cens dans les villes ; à Saint-Riquier, à Amiens.
10. — Les différents termes de paiement du cens sont en rapport avec les produits et les besoins des saisons.
11. — Le cens sert à distinguer la nature de la possession. — Fiefs de dignité.
12. — Fiefs non nobles, prestations bizarres.
13. — Du cens représentatif de la possession.
14. — Du cens recognitif ou seigneurial.
15. — Du cens personnel.
16. — Du *cerocensualis*.
17. — Du relief appelé *maritagium*.
18. — Du relief appelé *mortuarium*.

Le gouvernement féodal a été l'image du gouvernement de la famille. Les rapports de protection et de service qui s'établirent entre le seigneur et les sujets, furent la continuation des rapports de clientèle et de patronage qui avaient existé précédemment entre le chef et les membres de la tribu barbare ; et celle-ci n'était elle-même qu'une famille composée de plusieurs familles sorties de la même souche et réunies par un intérêt commun. Dans le chef de la tribu, comme dans le chef de la famille, se concentre toute l'autorité. Les hommes libres, comme les fils de famille, exercent, par délégation du chef auquel ils obéissent, chacun une portion de l'autorité qu'il leur transmet, et participent, chacun dans la sphère de son office, aux profits et aux avantages qu'il procure. Les serfs attachés au manse et les sujets attachés à la seigneurie contribuent, par le travail de leurs bras, à augmenter le bien-être de la tribu qui les nourrit, ou à accroître la prospérité de la seigneurie qui les protège. Les services de l'homme libre et les prestations du sujet s'enchaînent et se combinent de telle sorte qu'ils marquent et la hiérarchie des pouvoirs et la nature de la possession et l'état des personnes. La prestation censuelle, par cela même qu'elle est une tradition de la servitude, ne permet pas à celui qui la paie de prétendre jamais à l'état et aux prérogatives de la noblesse ; le seigneur peut alléger et même briser les chaînes de ses esclaves, mais l'affranchissement ne leur communique qu'une liberté qui meurt avec eux, et il reste toujours au front de leurs enfants quelque marque apparente, quelque signe extérieur de la tache originelle. Ce signe consiste dans une espèce de cens que le sujet paie au seigneur dans certaines circonstances solennelles, comme le mariage et la mort : *le mariage*, parce que celui qui le contracte va fonder une nouvelle famille ; *la mort*, parce qu'elle donne ouverture aux droits de mutation que le seigneur peut exiger, de sorte que le relief payé par l'héritier n'est pas seulement le rachat du domaine, il est aussi le rachat de la liberté que vient de délaisser l'affranchi auquel il succède.

I.

De la nature du cens.

1. Il y a deux manières d'envisager les prestations seigneuriales, ou par rapport à leur nature ou par rapport à leur signification.

Considérées *par rapport à leur nature*, elles se distinguent en *obligations de faire* et *obligations de donner*. Nous appelons les premières *services* et *corvées*, les secondes *reliefs* et *censives*. Les services et les corvées ont en vue le travail du servant, les reliefs et les censives le produit de ce travail.

Le travail embrasse dans ses trois grandes divisions le service à la maison, le service aux champs et le service à la guerre.

2. Service a la maison : Il comprend celui des hommes et celui des femmes. Dans l'antiquité, c'est aux femmes esclaves qu'étaient confiés les plus rudes travaux comme de moudre le blé, de cuire le pain, de laver le linge. Les hommes avaient soin des chevaux, préparaient le costume et l'armement du maître, forgeaient les outils, les instruments, construisaient les chars.

Le rôle de Corbie ne cite que deux femmes attachées l'une au jardin, l'autre à l'infirmerie de l'abbaye. Les autres services de la maison sont faits par des hommes au nombre de 15 dont 6 ont un emploi spécial et déterminé (1).

L'abolition de l'esclavage et plus tard l'affranchissement des serfs ayant fait cesser ce genre de service pour le remplacer par celui des domestiques à gages, il n'en est presque plus question dans les monuments postérieurs au XIII.[e] siècle (2).

3. Service aux champs : Il comprend les corvées d'hommes et de chevaux (angariæ et parangariæ) qui s'appliquent à l'agriculture. De perpétuels qu'ils étaient pour les esclaves, ces services sont devenus temporaires pour les serfs et les affranchis. Ou ils imposaient certains devoirs, ou ils obligeaient pour un certain temps. Le serf, en général, doit trois jours de la semaine à son maître, et les trois autres jours plus le dimanche lui appartiennent. Les sujets doivent seulement à leur seigneur quelques jours dans l'année et c'est le cas qui se présente le plus fréquemment dans nos coutumes.

A *Sus-Saint-Léger*, chaque charrue doit au mars une corvée à binoter les terres, une à gasquère, une aux couvraines ; un manouvrier doit trois corvées de bras par an, mais elles ne peuvent être exigées au mois d'août. Tous les sujets ayant chevaux sont tenus, deux fois l'an, à leurs dépens, mener six lieues loin tout ce qu'il plaît au seigneur leur faire mener (3). — A *Hérissart*, ceux qui labourent à trois ou à quatre chevaux doivent quatre corvées par an, deux en mars, deux en septembre ; tous les habitans qui n'ont point de chevaux doivent trois corvées de bras de 8 deniers chacune (4). — A *Bertangles*, chaque maison tenue en cotterie où il y a chevaux doit une

(1) Voir ci-dessus page 332, n.ºs 202, 203.

(2) D'après l'idée que nous nous faisons de la servitude antique, dit le savant Jacob Grimm, le travail devait être gratuit, car les esclaves faits à la guerre étaient entretenus aux dépens du maître qu'ils servaient, mais cela dût changer lorsque le temps eût adouci la condition des serfs et que des hommes libres se soumirent volontairement à faire un service auquel ils n'étaient point tenus. Il est vraisemblable qu'il y avait prix convenu, d'une part, lorsque des libres s'obligeaient à faire un travail déterminé, de l'autre, lorsque des serfs qui n'étaient tenus qu'à un service temporel, s'obligeaient pour le temps dont ils pouvaient disposer. Cela arrivait aussi quelquefois aux enfants mineurs et non établis issus de parents serfs. Le seigneur, quoiqu'il eût sur leurs personnes un droit incontestable, pouvait désirer qu'ils anticipassent sur l'époque où ils seraient obligés de lui consacrer leurs travaux et les occuper, pendant un certain temps, par l'espoir d'une modique rétribution. Les serfs attachés à la maison paraissent de très-bonne heure avoir eu la prétention de réclamer un salaire annuel. D'abord ce ne fut qu'un don volontaire que le maître payait soit à l'entrée soit à la sortie du service. Puis avec le temps ce qui n'était que facultatif devint obligatoire. Au moyen-âge la famille domestique était encore très-peu rétribuée. Le salaire était la nourriture, une chemise par an, un habit selon le sèxe et quelques pièces d'argent (Grimm D. R. A. p. 356. 6.)

(3) Voir cette coutume dans la 7.e série.

(4) Ibid.

corvée de V sols par cheval, à la Saint-Jean-Baptiste. — A *Ames*, en Artois, ceux qui doivent corvées aux religieux de l'abbaye de Corbie, sont tenus de les acquitter au tierch coup de la cloche du village. — A *Beauvoir-Rivière*, les habitans doivent chacun une corvée de 12 deniers au mois de mars ; et en outre ils sont obligés de couper les foins du seigneur. — A *Sombrin*, les tenans cottiers doivent trois corvées par an, par chaque manoir, tant de chevaux que de bras, à cause de quoy le seigneur leur est tenu payer un pagnon et un brignon pour leurs chevaux ; et sont tenus lesdits sujets venir de soleil levant et y estre jusqu'à soleil couchant (1).

Quand le service aux champs était fait par des serfs attachés à une métairie, ils travaillaient le plus ordinairement sous l'inspection d'un officier qui tenait sa charge en fief et qu'on nommait maïeur. Cet officier administrait les biens du seigneur et lui rendait compte de ses revenus. Les anciens rôles de cens expliquent avec détail les charges et les prérogatives de cet emploi (2). Le maïeur de Ham et de Montières était homme de bouche et de mains de l'évêque d'Amiens, et tenu au service de roncin et au service de plaid comme les autres vassaux. Il résidait à Ham ; quand le moment de la fenaison était arrivé, il sommait les corvéables pour *fener les près, à l'espardre et au lever* et il avait pour son salaire de chaque jour 6 deniers ; pour recevoir les cens du terme de Noël, son dîner et un chapon au soir. Pour convoquer la garde qui devait garder le bois de Montières, la nuit du premier mai, six deniers ; pour convoquer les hommes de garde le jour de Saint-Firmin, six deniers ; pour les cens d'avoine du terme de mars six deniers ; pour les corvées de blé qu'il faisait transporter à Amiens, six deniers ; pour chaque amende de deux sols six deniers, six deniers ; pour chaque borne qu'il fait placer deux deniers, pour chaque ajournement qu'il fait faire à la requête des habitans de Ham ou de Montières, 1 denier, et pour chaque pièce de terre ou maison qui sont vendues à Ham ou à Montières, une paire de gants. Par privilége, il doit moudre son grain, au moulin de l'évêque, immédiatement après le blé engrainé dans la trémie ; mais en retour de tous ces avantages, il est obligé de fournir un mets nommé *troite* composé de 200 œufs et d'une pièce de lard d'un pied carré qui sert à le faire frire et, avec cela, deux setiers de vin de qualité moyenne au cuisinier de l'évêque. Il a droit, ainsi que son sergent, de dîner à la table épiscopale le jour où il pré-

(1) Voir ces coutumes dans la 6.e et la 7.e série.

(2) Voir l'article *mairie* dans les Prolégomènes du Cartulaire de S. Père de Chartres, publié par M. Guérard, membre de l'Institut, art. 90, page CXVIII.

sente ce mets et aussitôt qu'il est cuit on en envoie un quartier à la mairesse, avec 1 pot de vin et deux pains (1).

Les corvées pouvaient avoir pour objet un service d'agrément et purement voluptuaire, comme d'aider le seigneur dans le divertissement de la pêche au flambeau, de traquer les bêtes fauves et de rabattre le gibier lorsqu'il voulait se livrer au plaisir de la chasse, ou enfin de battre les étangs pour empêcher que son sommeil ne fût troublé par le chant des grenouilles. « Les » habitans de la campagne auprès de Rue et de Saint-Valery, dit M. Louan- » dre, étaient tenus de contribuer à une grande chasse aux canards et autres » oiseaux aquatiques. Cette chasse avait lieu sur tous les étangs du pays, » au mois de juillet, lorsque ces oiseaux ont des jeunes et que, par l'effet » de la mue, ils prennent difficilement leur vol. Les paysans nus et ran- » gés sur la même ligne, entraient dans l'eau, la frappaient avec des bâ- » tons et forçaient le gibier de fuir et, s'avançant toujours à travers les ro- » seaux, le poussaient jusque dans les filets que l'on avait tendus de dis- » tance en distance (2). » — Les habitans de Drucat, quand le seigneur y séjournait, étaient obligés de battre l'eau des fossés du château, pour empêcher que les raines et grenouilles ne lui fissent noise (3). — Les habitans de Roubaix auprès de Lille étaient astreints au même devoir, et en outre, un certain jour dans l'année, ils étaient tenus de venir faire la moue, le visage tourné vers les fenêtres du château (4).

4. Service a la guerre : Dans l'antiquité, les esclaves étaient incapables de porter les armes, mais ils étaient attachés aux équipages pour soigner les blessés et enterrer les morts. Au moyen âge, les sujets font une sorte de service militaire, ils veillent et font le guet sur les remparts de la forteresse, ou ils aident à curer les fossés, à les approfondir ou bien à transporter les bagages du seigneur. — Les habitans de Beauvoir-Rivière doivent guet et garde au chasteau dudit lieu en temps de guerre et de doubte (5). — Le seigneur de Mézerolles a droit de contraindre les habitans à faire le guet au chasteau et à travailler aux fortifications en temps de guerre et de péril éminent (imminent) (6). — A Averdoing, le seigneur, toutes les fois que le prince son seigneur naturel va en guerre politique contre les ennemis de ses pays, a droit de contraindre tous ses hommes tant féodaux que cottiers d'Aver-

(1) Rôle de l'évêché d'Amiens, Ms. en parchemin de 1302. Voir ci-dessus page 343.

(2) Hist. d'Abbeville et de Ponthieu, 1844, page 401.

(3) Coutume de Drucat dans cette 5.e série.

(4) Michelet, Orig. du Droit, page 253.

(5) Voir la 6.e série.

(6) Ibid.

doing, de Ligny et des ressorts qui tiennent de lui, de lui livrer un bon et suffisant car enharnaché de 4 chevaux et de deux varletz pour mener ses harnas et provisions en la compagnie de son seigneur naturel tant et si longuement que la guerre dure, et tout ce doivent faire à leurs despens (1).

Les personnes engagées dans les liens du vasselage dont l'obligation principale était le service à la guerre participaient aussi aux travaux des champs et de la maison pour les diriger. Ainsi, outre les maïeurs qui avaient l'inspection des villas, *les camériers*, *les sénéchaux*, *les boutilliers*, *les maréchaux*, se partageaient celle des travaux de l'intérieur.

5. Les prestations seigneuriales qui ont en vue la chose du servant se nomment censives. Chez les peuples d'outre-Rhin, elles consistaient, comme nous l'apprenons par le témoignage de Tacite, en fruits, en bestiaux et en habits : *frumenti modum dominus, aut pecoris aut vestis, ut colono injungit*, (2) ce qui fait dire à Grimm, que la servitude chez les Germains ressemblait plus au colonat qu'à l'esclavage chez les Romains (3).

Cette classification du cens peut s'appliquer aussi à l'ensemble des droits coutumiers qui marquèrent les rapports des sujets avec les seigneurs. Seulement on doit y ajouter le cens en argent qui est venu beaucoup plus tard et qui a fini par remplacer tous les autres.

6. Cens de fruits : Les plus usités sont le blé, l'avoine, le vin, la bière, la cire ; le blé se paie en gerbe ou en grain. Dans le premier cas, la censive s'appelle *champart* ou *terrage* et le terme d'exigibilité est l'époque même de la récolte ; dans le second cas, elle s'appelle *rente* et elle se paie à l'époque de l'ensemencement des terres, c'est-à-dire, à la Saint-Remi. Par la même raison la rente en avoine se paie au mois de mars, c'est-à-dire au terme de Pâques ; quelquefois au lieu de se payer en blé, la rente se paie en farine, en pains, en gâteaux, en oublies, et dans ce cas elle a presque toujours une forme particulière ou un poids déterminé. Certains paysans de la Souabe étaient obligés de payer, à titre de redevance, un pain de grandeur telle qu'un homme assis le mettant sur son pied, il lui passe le genou, et de telle grosseur qu'on puisse en couper le pain du matin pour le berger (4).—Le tenancier d'un fief situé à Saint-Léger, près Domart-en-Ponthieu, devait au seigneur un miroir, une garniture de soie de la longueur d'une aune de Paris, un balai et une *fouache* (espèce de gâteau) le tout

(1) Voir cette coutume dans la 8.e série.

(2) De Mor. Germ. 25.

(3) *Sie sind in rœmischem sinn weniger servi als coloni. Grimm.* D. R. A. page 350.

(4) Grimm. D. R. A. page 103.

payable le jour du gai de Saint-Léger (1). Dans d'autres circonstances, lorsque la prestation est en blé ou en vin, on indique l'usage auquel elle sera employée. — Ainsi Jean comte de Ponthieu, en 1183, transporte à titre d'aumône à l'abbaye de Valoires, la rente d'un setier et demi de vin à prendre sur la vicomté de Rue pour la célébration de la messe, *ad sacrificii domini opus*, et la rente de trois setiers de froment à prendre sur la même vicomté pour faire des hosties : *ad hostias faciendas* (2). La cire quelquefois était payée en nature, le plus souvent sous la forme d'un cierge qu'on présentait à quelque église ou à quelque communauté religieuse. — Par une charte du mois de janvier 1255 (1256) la comtesse de Ponthieu, concède des droits d'usage dans les marais de Pont-Remy, au seigneur de Dun et à ses hommes, à la condition que chacun des usagers lui paiera tous les ans, au terme de Saint-Remi, *une livre de cire* au lieu de la redevance en avoine qu'ils payaient précédemment (3). — Les seigneurs de Boves, de Picquigny et de Poix, comme vassaux de l'évêque d'Amiens, tous les ans, le jour de la fête de Saint-Firmin-le-Martyr, présentaient à la messe, chacun un cierge du poids de 50 livres orné de l'écusson de leurs armoiries (4). Le jour de St.-Lieffait, le prieur de Ray devait donner à dîner au seigneur de Labroie et à ses hommes-liges et, après le dîner, leur présenter à chacun une poignée de chandelles de cire (5). Les fleurs figurent aussi parmi les prestations du terme de la Saint-Jean-Baptiste. Dans la pairie de Labroye différentes terres aux champs doivent 12 chapeaux de roses vermeilles et 12 chapeaux de pervenche (6). — Plusieurs habitans de Pont-Remy, en 1372, devaient, au terme de la St.-Jean, des chapeaux de roses pour leurs maisons et manoirs (7).

7. Censives d'animaux : Nous ne parlerons ici que des prestations de poules, de brebis et d'oisons, car les tributs en chevaux, en vaches et en porcs que les rois de la première et de la deuxième race exigeaient des ennemis qu'ils avaient vaincus, n'ont rien de commun avec l'objet qui nous occupe.

(1) Archives de la cour royale d'Amiens, Déclarations pour le ban et arrière-ban de 1620, *Dénombrement de Saint-Léger.*

(2) Archives du département de la Somme. — Cartul. de Valoires, p. 33. n.° 91. — p. 100. n.° 321.

(3) Quilibet hominum... nobis et heredibus nostris tenetur de unâ librâ cere, in festo beati Remigii, quolibet anno, persolvenda ; et illos... qui nobis pro dictis pascuis in avenâ tenebantur, de dictâ avenâ quitavimus. (Archives du royaume, Chartrier du Ponthieu, *Lettre de Jeanne, reine de Castille et de Léon aux habitants de Dun, du mois de janvier* 1225).

(4) Voir ci-dessus page 234 note 3. — Dusevel, Lettres sur le département de la Somme, 1840, page 442. § final.

(5) Louandre. Hist. d'Abbeville, 1844. p. 410.

(6) Ibid. page 409.

(7) Dénombrement du Pont-Remy. 1372.

D'ailleurs il en sera question quand nous traiterons du *mortuarium* ou *droit de meilleur catel.*

La censive de poules, de poulets et de chapons, est la plus commune de toutes, car elle est dûe par toute maison tenue en cotterie où l'on fait feu vif. De-là vient qu'on disait *poule de fumée* pour exprimer la poule de cens (1). A cette occasion qu'il nous soit permis de citer un droit fort singulier que le seigneur de Vaux-en-Amiénois, avait comme propriétaire d'une rente de champart inféodée sur les terres de Savières appartenant à l'abbaye de Saint-Jean d'Amiens. Tous les ans, aux fêtes de Pâques, le représentant de l'abbaye audit lieu de Savières, est obligé de faire apprêter un dîner confortable pour l'abbé et d'y inviter le seigneur de Vaux. Celui-ci s'y rend avec tout son train. Après le repas, le fermier ou l'intendant de Savières rassemble toute la volaille de la basse-cour, dans un lieu convenable, en lui jetant du grain par trois fois. Cela fait, le seigneur de Vaux reçoit de sa main un bâton long de deux pieds et demi et pesant une livre et demie et il le lance par trois fois au milieu de la volaille ainsi rassemblée avec le grain qu'on lui jette dans l'intervalle de chaque coup. Tout ce qu'il tue ou blesse en procédant ainsi lui appartient et il le peut emporter où bon lui semble (2).

La censive de brebis est due au seigneur haut ou moyen justicier pour droit de pâturage sur ses terres. Elle se nomme *mort herbage* quand elle se paie en argent et *vif herbage* quand elle est due en nature. D'après la coutume générale du bailliage d'Amiens, tout individu domicilié sur ténement non privilégié qui a chez lui moins de dix bêtes à laine, la veille de Noël, doit une obole parisis par bête pour droit de *mort herbage ;* celui qui a plus de dix bêtes à laine à la même époque doit, pour droit de *vif herbage*, une bête vive que le seigneur choisit après que le propriétaire du troupeau en a mis une à l'écart : *après une tournée à la vergue*, disent les coutumes de la Rosière, de Saint-Acheul-les-Montigny et de Willencourt (3); dans quelques villages de l'Artois, on payait indistinctement un agneau ou un oison. — Le prieur de la Beuvrière près Béthune, a droit d'oysons et d'agneaux sur les manans qui ont jusqu'au nombre de 5 oysons ou agneaux,

(1) Jedes haus des Rheingaues, voraus der rauch gehet, gib unsern herrn jahrlich ein hun. (Grimm D. R. A. page 375.)

(2) Reconnaissance notariée du 15 octobre 1514, communiquée à la Soc. des Antiq. de Picardie par M. Bazot, notaire à Amiens, dépositaire de la minute. — Voir Bull. de la Soc. des Antiq. de Picardie, tom. 1.er pages 147 et 148.

(3) Voir ces coutumes dans la 6.e série.

c'est-à-dire, le droit de prendre un oyson ou un agnel ; et quant bien même il y en aurait un plus grand nombre, le prieur n'a droit de prendre que l'un des deux et acquitte l'oyson l'agnel et l'agnel l'oyson (1).

Viande : Le rôle de l'évêché d'Amiens, la coutume locale de Tours et Cauroy en Vimeu et les weisthumer de l'Allemagne, prouvent que, lorsqu'un animal était tué pour les besoins de la maison, il était d'usage d'en offrir une partie au seigneur (2). Le village de Saint-Josse-sur-Mer, devait tous les ans au comte de Ponthieu, le jour de la fête patronale, une vache écorchée et, si la fête tombait un jour où l'usage des viandes n'était pas permis, un cent d'œufs et une livre de poivre (3).

Poisson : Quoiqu'on ne puisse considérer que comme un fait purement accidentel la prestation du plat de poisson que les seigneurs d'Averdoing et de Neuville-Coppegueule avaient droit de prélever sur les chasse-marées qui traversaient leurs seigneuries (4), il n'en est pas moins vrai que le poisson de mer était aussi payé à titre de censive, dans les lieux où les habitans n'avaient pas d'autre industrie que la pêche. Ainsi la coutume de Bercq-sur-Mer attribue au seigneur tous les esturgeons pêchés à la mer, moyennant cinq sols de grâce aux mariniers qui les ont pris (5). Les censives en poisson d'eau douce étaient principalement exigées des fermiers et des tenanciers des moulins situés sur les cours d'eau. Par une charte de 1144, confirmative des donations faites à l'abbaye de Saint-Jean d'Amiens, Garin évêque, rappelle le droit de pêche que Gilles de Soues a concédé à cette abbaye sur la rivière de Selle, depuis Pont-de-Metz jusqu'à la Somme, à la charge de lui payer un cens de trois sols et trois cents anguilles : *sub trecensu trium solidorum et trecentum anguillarum* (6). La même abbaye, pour le moulin de Renancourt qu'elle tenait par concession de l'abbaye de St.-Fuscien, devait au seigneur de Renancourt, une corvée de charrue au mois de mars, 20 rasières d'avoine et 200 anguilles payables le premier dimanche après la quadragésime, y compris 10 rasières d'avoine et 100 anguilles dues par le meunier (7).

8. Censives de vêtemens et de meubles : Celles-ci se confondent assez souvent avec les prestations féodales surtout quand elles sont payées en reconnaissance de la haute seigneurie. Lorsque les seigneurs d'Encre, de Boves,

(1) Voir la 7.e série.

(2) Voir page 443, note 3.

(3) Louandre. Hist. d'Abbeville, page 399.

(4) Voir page 441, note 30.

(5) Voir cette coutume dans la 8.e série.

(6) Cartul. de St.-Jean d'Amiens, Ms. en parchemin du XIV.e siècle, appartenant à M. le docteur Rigollot, page 55.

(7) Ibid. page 149.

de Picquigny et les autres pairs de l'abbaye de Corbie, font hommage à l'abbé, ils doivent laisser *leur manteau* au chambellan; et Jean Vacca comme *famulus* de la même abbaye doit tous les ans, à l'abbé, *deux couteaux* la veille de Noël. Les anciens aveux et dénombrements témoignent que les prestations de *gants*, d'*aiguillettes*, de *chausses*, de *peignes*, de *verres* étaient aussi souvent payées par des possesseurs de fiefs que par des censitaires. L'abbaye de S. Père de Chartres payait tous les ans au seigneur de Ferrières une paire de bottes : *unas bottas singulis annis* (1). Le curé de Saint-Léger-lès-Domart, à cause de son presbytère, devait tous les ans *une flèche d'osier ornée des deux bouts* pour tirer le jour du gai de Saint-Léger, et la présenter avant midi, sous peine de 7 sols 6 deniers d'amende (2). Dans la seigneurie du Pont-Remy, la veillée des chevaliers, à la Saint-Jean-Baptiste et à la Saint-Pierre, était signalée par la prestation d'un certain nombre de verres que des habitans de cette commune payaient à titre de cens, l'un pour sa maison, un autre pour des terres à labour (3). Le droit de *queute à court* imposait aux censitaires l'obligation de fournir à leur seigneur des matelas, des traversins et des couvertures pour coucher les nobles hôtes qu'il hébergeait dans son château. — Par la coutume d'Etréjus, *queute à court est entendu lit à plume traversin, couverture* (4). — A Beauvoir-Rivière, ce droit est tel que les habitans quand le seigneur fait assemblée pour sa seigneurie garder ou lui vient noblesse en son chasteau, doivent trouver de chascun ménage *queuste, traversin de lit* et *couvertures*, après qu'ils en sont sommés, sur peine de LX sols parisis d'amende. — A Sus-Saint-Léger, si nobles chevaliers gisent en la maison et hostel seigneurial, les sujets doivent livrer autant de *lits* qu'il y aura de chevaliers logés, mais le seigneur ne les pœult garder plus d'une nuit (5).

(1) Cart. de S. Père de Chartres, par M. Guérard. Prolégom. n.° 131.

(2) Archives de la cour royale, *Convocation du ban et arrière-ban*, Ms. déjà cité.

(3) Che sont li voirre qu'on doit, tant au terme de le Saint-Jean-Baptiste comme à le Saint-Pierre, quant chevaliers veillent.

Thumas le Peskeur doit ij voirres pour ij journeus de terre.

Item, Bernart Davy et Jacquemart Quatremère i voirre pour cinq quartiers de terre.

Item, Jehanne le Clergesse pour se maison, *i voirre à viage* (?)

Item, Jehan le Joule i voirre.

Item, Jehan de Paris i voirre à viage.

Item, Mahieu Corain i voirre à viage.

Item, Jehan Masse *ij voirres à vie* (?) pour se maison leur *et ce à viage*.

Item, le femme Thumas le Marechal i voirre à vie.

Item, Henri de le Crois et se femme i voirre à viage.

(Dénombrement de la terre de Pont-Remy, de 1372, beau Ms. en parchemin, appartenant à M. le comte du Maisniel de Liercourt.)

(4) Voir la coutume d'Etruiseulx, art. 7 p. 391.

(5) Voir la 6.e et la 7.e série.

9. Dans les villes, pour une raison qu'il est facile de deviner, les censives portaient plus spécialement sur le vin et les objets du commerce et de l'industrie des habitans que sur les fruits de la terre et les animaux domestiques. Lorsque la ville de Saint-Riquier, parvenue à l'apogée de sa splendeur, comptait 2500 manses de séculiers, chaque manse payait 12 deniers, 3 setiers de froment, de fèves et d'avoine, 4 poulets et 30 œufs; quatre moulins devaient 600 muids de grain mêlé, 8 porcs, 12 vaches; 13 fours produisaient par an, chacun 10 sols d'or, 300 pains, 30 gâteaux dans le temps des litanies (1). Mais aussi à cette époque où Saint-Riquier distinguait le nom de ses rues par celui des professions, la censive payée par chacune d'elles se rapporte aux habitudes et aux produits de chaque état. *La rue des marchands* payait tous les ans une pièce de tapisserie de la valeur de 100 sols d'or; *la rue des ouvriers en fer* fournissait tous les ferremens nécessaires à l'abbaye; *la rue des fabricans de boucliers* était chargée de la couverture des livres, de les coudre et de les relier, travail évalué 30 sols d'or; *la rue des selliers* procurait des selles à l'abbé et aux frères; *la rue des boulangers* délivrait 100 pains toutes les semaines; *la rue des écuyers* était exempte de toute charge; *la rue des cordonniers* munissait de souliers les valets et les cuisiniers de l'abbaye; *la rue des bouchers* était taxée chaque année à 15 setiers de graisse; *la rue des foulons* confectionnait les sommiers de laine pour les moines; *la rue des pelletiers*, les peaux qui leur étaient nécessaires; *la rue des vignerons* donnait par semaine 16 setiers de vin et 1 setier d'huile; *la rue des taverniers* 30 setiers de bière par jour; enfin *la rue des* 110 *milites* devait entretenir, pour chacun d'eux, un cheval, un bouclier, une épée, une lance et les autres armes (2).

A ce tableau des censives de l'abbaye de St.-Riquier, au commencement du IX.ᵉ siècle, joignons celui des censives que l'évêque d'Amiens percevait dans cette ville, au commencement du XIV.ᵉ siècle. L'analogie est des plus frappantes. *La corporation des pelletiers* doit tous les ans offrir, le jour de la Saint-Martin d'hiver, pour les besoins du gardien de la maison épiscopale, un manteau de laine d'agneaux assez long pour lui descendre jusqu'aux pieds; *la corporation des peintres* présente à l'évêque un bouclier peint toutes les fois qu'il est mandé à l'armée du roi; *la corporation des tanneurs*, dans la même circonstance, doit délivrer au prélat deux paires d'outres assez grandes pour contenir l'une un muid de vin et l'autre 34 setiers; *la corporation des*

(1) Châteaubriant. Etudes historiques, tome 3, p. 59. — Annales ord. S. Bened. tom. 2. p. 332.

(2) Ibid.

bouchers fournit la meilleure qualité de graisse pour préparer et entretenir lesdites outres ; *la corporation des ouvriers en fer*, lorsque l'évêque va à l'armée du roi, lui procure une hâche et tout l'outillage nécessaire pour dresser ses tentes et pavillons, et en outre tous les clous qu'exige l'entretien de la grande salle du palais épiscopal ; *les moulins du Hocquet* valent annuellement 20 muids de blé, moins 2 setiers pour frais de transport ; les tenanciers de ces mêmes moulins doivent tous les ans, au jour de l'Ascension et au jour de la Pentecôte, conduire à la maison épiscopale 4 ânes chargés de verte pervenche, et le jour de Saint-Firmin-le-Martyr, le jour de Noël, le jour du Jeudi-Saint, offrir à l'évêque 36 gâteaux blancs (*vastellos albos*) du prix d'un denier chacun, et le jour des Cendres, 50 anguilles et 50 bordelles du prix de 29 sols environ ; l'évêque perçoit sur chaque brasserie, dans la ville d'Amiens, qui n'est point établie sur lieu franc et privilégié, 22 setiers d'avoine pour droit de torellage, évalué à 10 muids par année, et il a droit de prendre, dans chaque brasserie, toutes les semaines, un setier de boisson telle qu'elle s'y trouve, soit gondalle, soit cervoise (1).

10. Il est donc de la nature du cens d'affecter chacun des fruits naturels et civils qui sont le résultat du travail de l'homme, et de réserver au seigneur une part dans tout ce que le sujet possède, récolte et produit. Le cens se divise en plusieurs termes d'exigibilité selon le besoin des saisons. Ainsi, le terme de la Saint-Remi, pour les rentes en blé, le terme de Pâques, pour les rentes en avoine, ont en vue l'un et l'autre l'ensemencement des terres. Les cens de poulets et de chapons se paient au terme de Noël, par la même raison que les cens en œufs et en poissons sont exigibles aux approches du Carême. Enfin les chapeaux ou couronnes de roses du terme de la Saint-Jean-Baptiste sont le tribut solsticial, symbole des promesses de l'avenir, qui prélude par des fleurs aux tributs de la saison des fruits.

II.

De la signification du cens.

11. Toute prestation seigneuriale a une signification particulière qui se rapporte, par une allusion plus ou moins directe, ou à la nature de la possession ou à la condition du possesseur.

(1) Rôl. de l'évêché, Ms. déjà cité.

Elle se rapporte à la nature de la possession, pour distinguer la tenure en fief de la tenure à cens ; et elle indique, par certains symboles faciles à reconnaître, les différents degrés de la hiérarchie féodale.

Et d'abord, au sommet de l'échelle, sont les fiefs de dignité dont la noblesse ressort moins des devoirs et des prestations du feudataire que des devoirs et des prestations des vassaux et des sujets qui lui sont subordonnés. Tel fut, tel était encore, au commencement du XIII.[e] siècle, le comté de Corbie qui avait pour premiers vassaux les seigneurs d'Encre, de Picquigny, de Boves, et pour derniers feudataires les chasseurs de grenouilles de Thennes, de Naours et de Maisnières. En général, le service auprès de la personne du seigneur est un des traits caractéristiques de la noblesse de la seigneurie. Comme l'abbé de Corbie, l'évêque d'Amiens avait une cour et des hommes liges qui lui rendaient les devoirs du vasselage. — Le sire Gilles de Poulainville, lorsque l'évêque était mandé à l'armée du roi, était tenu de l'y accompagner, et lorsque le prélat ne pouvait s'y rendre en personne, il était le seul vassal qui pût être désigné pour le remplacer. Tous les cuirs des chevaux de l'évêque et de ses gens lui appartenaient, en quelqu'endroit que ces chevaux mourussent. Les devoirs de sa charge consistaient à servir l'évêque à table dans certaines occasions solennelles. Au retour du sacre d'un nouvel évêque, il avait pour lui la coupe dans laquelle avait bu le prélat (1).

L'abbé de Saint-Saulve de Montreuil, le jour de son élection, était servi à table par le tenancier d'un fief relevant de la seigneurie de Maintenai qui avait pour son droit le hanap dans lequel buvait le nouvel élu (2).

On dirait que ce cérémonial a été emprunté à l'Allemagne, car les évêques y avaient des officiers de cour jouissant de priviléges tout-à-fait analogues. Le jour de l'élection de l'évêque d'Eichstadt, le maréchal héréditaire chevauche avec lui jusqu'à la pierre des fiefs, et lorsqu'il s'arrête lui tient l'étrier pour l'aider à descendre du cheval sur lequel il monte à son tour, car désormais ce cheval lui appartient.... de même lorsqu'il voyage à la suite de l'évêque, tout cheval épuisé doit lui être abandonné, et de tout cheval qui meurt, il a la selle, la bride et la peau (3).

(1) Et si doit avoir me sires Gilles les cuirs de tous les chevaus monseigneur le veske et de se gent, en quelque lieu que ils muirent. Et si doit avoir me sires Gilles, toutes les fois que il a nouvel évêque à Amiens, la coupe ou hanap à coi il boit, quand il revient de son sacre. (Rôle de l'évêché, Ms. déjà cité).

(2) Louandre, *ut suprà.* tome 1.er page 410.

(3) Wenn ein bischof erwæhlet wird, muss ein erbmarschall mit ihme einreiten zum lehenstein, da ein herr abstehet, und soll dem bischof den stegreif halten, und soll das pferd, so der bischof geritten, sitzen, das ist alsdenn sein..... Item die pferd so man abreitet, die soll man

Il est évident qu'ici le service ne peut avoir aucune signification par rapport au vassal, mais qu'il en a beaucoup par rapport au suzerain. Il en était de même du droit de prendre un plat de poisson sur les chasse-marées. Ce droit, dit la coutume d'Averdoing, est dû au seigneur *à cause de la noblesse de sa seigneurie.*

12. Nous ne répéterons pas ce que nous avons dit plus haut (1) touchant la distinction des fiefs nobles et non nobles qui résulte de l'importance du relief et de la prestation du vassal. Seulement, nous citerons quelques exemples des services bizarres qu'on exigeait pour certains fiefs non nobles, et nous espérons que, de l'ensemble de ces exemples, ressortira une explication satisfaisante des usages qu'ils constatent.

C'est bien à des hommes libres, le rôle de Corbie en fait foi, qu'était confié l'office de chasseurs de grenouilles, genre de fonctions qui paraît avoir été d'un usage général en Europe, puisque, comme le rapporte Menochius, il y avait aussi en Lombardie des hommes *quorum munus erat, quod est risu dignum, in imponendo silentium ranis* (2).

Le fief étant toujours concédé à la charge d'un service, ce service devait être en rapport avec l'état et la condition du feudataire. Relativement au servant noble, la prestation avait toujours plus ou moins trait à la profession des armes et aux habitudes guerrières des barons féodaux (3). Relativement aux servans non nobles, elle se diversifiait à l'infini et, pour ainsi dire, selon le caprice de celui qui accordait l'inféodation. S'il ne trouvait point d'office dans sa maison auquel il pût attacher le nouveau vassal, il en créait un tout exprès, et faisait consister le service dans une prestation puérile, bouffonne et quelquefois même tout-à-fait dérisoire. — Celui-ci est obligé de conduire au château de son seigneur un serin placé sur une voiture attelée de 4 chevaux (4). — Celui-là, quand le roi passe à Tuyose, est tenu de l'accompagner jusqu'à un arbre indiqué, et là il doit y avoir une charrette chargée de fagots, attelée de deux vaches sans queues, à laquelle on met le feu pour la laisser brûler jusqu'à ce que les vaches puissent s'échapper (5). — A Picquigny, une tenure à cens est érigée en franc-fief à la condition que le tenancier fera peindre tous les ans la pierre sur laquelle on pose la châsse de St.-Martin, le jour de l'Ascension, et qu'il y placera 24 verges pelées pour les chevaliers

den marschall geben, welche aber sterben, so sind sættel, zaum und haut sein. (Grimm D. A. R. p. 277).

(1) Page 240.

(2) Grimm. D. R. A. p. 356.

(3) Voir ci-dessus page 243.

(4) Michelet, *ut suprà*, page 250.

(5) Ibid.

qui assisteront à la procession (1). Toutes ces prestations ne sont ni des redevances utiles ni des services féodaux. Elles marquent seulement la relation du vassal avec le suzerain. Leur retour périodique d'année en année, est un moyen d'empêcher le propriétaire de dénaturer le titre de sa possession, et le fait qu'il accomplit, par son étrangeté même, se grave dans la mémoire des personnes dont on pourrait avoir besoin d'invoquer le témoignage, mieux que si l'on confiait à leur souvenir un fait d'une nature moins extraordinaire.

13. Le cens offre un double caractère. Ou il est représentatif de la possession, ou il est recognitif de la seigneurie. Le cens représentatif de la possession diffère peu de la rente foncière. Comme celle-ci, il constitue un véritable revenu. Le cens recognitif a cela de particulier qu'il consiste toujours en une prestation modique qui n'est pas en rapport avec la valeur de l'objet auquel il s'applique. Le premier est dû au propriétaire abstraction faite de la seigneurie, le second est dû au seigneur abstraction faite de la propriété. Le premier peut se détacher du domaine et s'inféoder comme le domaine lui-même ; le second ne peut jamais être séparé de la seigneurie.

14. Le cens seigneurial, le seul dont nous ayons à nous occuper ici, varie selon les différents degrés de la justice. Celui qui n'a que la *justice foncière* ne peut prétendre qu'aux censives de grains et de plumes, parce qu'il n'a que la propriété sans la seigneurie. Celui qui a *la moyenne justice* peut exiger les prestations recognitives de la seigneurie vicomtière, telles que les droits de *mort et vif herbage*, d'*acquit*, de *tonlieu* pour la vente des marchandises, de *forage* pour la vente du vin en détail et, en un mot, toutes les censives qu'implique le droit de police sur les frocs et flégards. Celui qui a *la haute justice* réunit tous les droits honorifiques de la seigneurie et tous les droits utiles du domaine. Il peut exiger de ses sujets quelquefois même des sujets de ses propres vassaux, des prestations censuelles d'une nature toute particulière auxquelles ne peuvent prétendre ni *le bas*, ni *le moyen justicier*. Telles sont les corvées d'hommes et de chevaux, de queute à court, de guet et garde au château, en temps de guerre ; enfin celui qui a le fief de dignité, jouit aussi, par privilége, de certaines prestations voluptuaires, telles que le droit de prendre un plat de poisson sur les chasse-marées, le droit de faire battre l'eau des étangs pour imposer silence aux grenouilles, le droit que s'arrogeait le seigneur de Pacé de faire travailler les chaudronniers qui passaient et de prendre aux marchands de verres le plus beau verre, en leur donnant chopine (2).

(1) Voir ci-dessus page 215, § final.

(2) Michelet, Orig. du Droit français, p. 250.

Ces deux dernières prestations paraîtront peut-être se rapporter autant à la condition des personnes qu'à la nature de la seigneurie. Elles étaient assez humiliantes pour faire croire que ceux à qui elles étaient imposées les accomplissaient en signe de leur ancienne servitude : *in signum præteritæ servitutis*.

15. Néanmoins aucune prestation ne dénote mieux l'origine servile du censitaire que la prestation en argent, c'est-à-dire le cens personnel, *census pro capite*. — *Sers de la teste rendant quatre deniers* dit Charlemagne à son vassal Ogier dans un vieux poème français (1). On appelait *caputici*, dit M. Guérard, les personnes soumises à cette espèce de tribut qu'on nommait *chevage*, *capage* (2). Une ancienne coutume de Corbie fait voir que, dans cette ville, vers le milieu du XIVe siècle, chaque sujet payait à l'église de Corbie *deux deniers parisis de son kief; et apele on icelle condicion en nom vulgal caveliche pour ce qu'il est paié par le kief* (3). Les villes constituées en commune, assez souvent, étaient exemptes du cens personnel. La charte de commune de Saint-Omer, de 1127, déclare tous les bourgeois de cette ville affranchis de la capitation : *liberos a cavagio, hoc est, capitali censu* (4).

Le cens personnel, dès les temps les plus reculés, paraît avoir été une prestation en argent, et cela probablement parce que l'argent représentait l'indemnité du travail dont le maître se privait par l'affranchissement de son esclave. Ainsi l'affranchissement, d'après les lois salique et ripuaire (5) consistait dans le jet du denier, c'est-à-dire, dans l'action de faire sauter une pièce de monnaie de la main de l'esclave que le maître voulait rendre à la liberté (6).

On voit dans la vie de Saint-Éloi par Saint-Ouen, que l'évêque de Noyon achetait des captifs et les affranchissait, en présence du roi, par le jet du denier : *jactatis ante eum* (regem) *denariis, cartas eis tribuebat* (7).

Dans la Frise, le cens personnel s'appelait le cens du *bouclier sonnant*, à

(1) Grimm. D. R. A. p. 382.

(2) En 1107, Gosselin de Leves ayant fait don de deux serfs, le mari et la femme, à l'église S. Père de Chartres, ceux-ci déposèrent sur l'autel le cens par eux dû pour leur tête : *censum proprii capitis*. (Prolégom. du Cart. de S. Père de Chartres, t. 1.er, p. XLIX).

(3) Voir ci-dessus, page 387, art. 27.

(4) Mém. de la Soc. des Antiq. de la Morinie tom. IV, *pièces justific*. p. 3.

(5) Lex salica 30. 13. — Lex ripuar 57, 1. — 62, 1.

(6) Illustris vir ille servum suum, per manum illius, jactante denario secundum legem salicam, dimisit ingenuum (Marculf. lib. 1. form 12). Servum juris nostri nomine Albertum, astantem in conspectu nostro... manu propriâ, a manu ejus excutientes denarium, secundum legem salicam, liberum fecimus, atque ab omni servitutis vinculo absolvimus (Du Cange, tom. 4, p. 470, ann. 888).

(7) Audoenus, vita Eligii 1, 10.

cause de la formalité bizarre qui en accompagnait la recette. On construit, dit Saxo Grammaticus, (livre 8 p. 167) un édifice de 240 pieds de long, divisé en douze compartiments de 20 pieds chacun ; le receveur se place dans la partie supérieure de l'édifice. Au bas on met un bouclier dans le creux duquel chacun vient jeter sa pièce de monnaie. Si elle rend un son clair et tel que le receveur puisse l'entendre distinctement, elle compte pour le cens, sinon il faut en jeter une autre (1).

Ainsi le cens payé en argent, c'est-à-dire la capitation, ne peut tirer son origine que de la servitude. Il reproduit le symbole de l'affranchissement, *le jet du denier*, parce qu'il renouvelle le contrat de la manumission.

16. On peut en dire autant de certaines redevances en cire.

Les hauts seigneurs ecclésiastiques, surtout dans le diocèse d'Amiens, obligeaient les serfs auxquels ils donnaient la liberté de se présenter à l'église, un cierge à la main et de faire trois fois le tour de l'autel (2).

Les personnes affranchies de cette manière ainsi que leurs descendants, sont qualifiées *cerarii*, *cerecensuales*, *luminarii*, *wachszinsiges* parce qu'elles payaient tous les ans la valeur de deux ou de quatre deniers de cire, en reconnaissance de la liberté que l'église leur avait accordée (3).

17. Quelquefois la dénomination de *cerecensuales* s'appliquait non pas à des serfs affranchis, mais à des hommes libres qui engageaient leur liberté dans une certaine mesure, sans néanmoins s'en dessaisir complétement. Dans certains cas, ils stipulaient la faculté de reprendre leur indépendance, dans d'autres cas, leur engagement était irrévocable. Les manses qu'ils habitaient étaient appelés tantôt *hospitia*, pour exprimer leur condition de tenanciers temporaires (4), tantôt *mansi ingenuiles*, par opposition aux *mansi serviles* qu'habitaient les colons qui avaient renoncé pour toujours à leur liberté ; aussi n'est-il pas rare de trouver dans les polyptiques les *cerarii* accolés aux *mansi ingenuiles*: mansum ingenuilem 1, cerarios 10, donat unusquisque denarios 4, aut ceram èċontra (5). Le plus souvent on se contentait de leur donner une bruyère ou quelque coin de forêt à défricher (6) ou bien quelque

(1) Grimm D. A. R. p. 77.

(2) Dusevel, Lettres sur le département de la Somme, 1840 p. 296.

(3) Ut a servili conditione emanciparentur et *cerecensuales* ecclesie nostre constituerentur... cerecensuales constituimus, ita ut, singulis annis, in festo beati Petri, quelibet persona, secundum communem legem cerecensualium, solvat ceram duos nummos valentem. — Charte de l'année 1163. (Grimm D. A. R. p. 315).

(4) Ego Petrus filius quondam Petronati, abitator in obstitia. (Savigny. § 55. note G.)

(5) Du Cange. 2. 507.

(6) Et ubicumque invenient utiles vilos homines, detur illis sylva ad extirpandum. (Capitul. Aquisgran. an 813.)

portion de terre vaine et vague ou de marais qu'on leur abandonnait pour la nourriture de leurs troupeaux.

Les *cerecensuales* de l'église de Munster, en Westphalie, formaient une classe intermédiaire entre les serfs et les hommes libres. Ils ne pouvaient épouser que des femmes de leur propre condition, et quiconque se mariait, hors de sa caste sans la permission du chapitre, s'exposait à perdre sa liberté. Le mariage contracté même avec l'autorisation du chapitre, avait des conséquences qui se manifestaient au moment de sa dissolution. Lorsque le *cerecensualis* ainsi mésallié, décédait sans laisser aucun parent mâle de sa condition et habile à lui succéder, l'héritage était dévolu au seigneur. Si, sans cause légitime, il était défaillant, deux ans de suite, d'acquitter sa censive, ou bien s'il se soumettait volontairement à remplir des fonctions serviles auprès d'un autre seigneur, il perdait par cela même les priviléges de sa condition et redevenait esclave de l'église ou du seigneur au préjudice duquel il s'était engagé. Enfin le *cerecensualis* qui n'avait pas d'héritier de sa condition, aussitôt qu'il tombait malade, était frappé d'incapacité et ne pouvait plus rien donner ni aliéner, sauf le cas où, en acceptant la condition de *cerecensualis*, il se serait réservé le droit de disposer de ses biens (1).

Vers l'an 1372, il y avait dans la seigneurie du Pont-Remy, une classe de personnes nommées *sous-manans* qui ne possédaient point d'héritages en propre, mais qui achetaient, par la prestation annuelle d'une demi livre de cire, le droit d'y résider et, par la prestation d'une autre demi livre de cire, le droit d'envoyer leur bétail au marais commun. « Item toutes les personnes » qui demeurent au Pont-de-Remy et qui n'y ont nul héritage qui sont soubz- » manans, je y ai (le seigneur) du kief d'ostel *demi livre de chire pour avoir* » *le franquise de le ville* et, se le personne a bestes qui voisent au mares, » je en y ay une livre (2). » Ces sous-manans sont peut-être les *hospites*, les *submansores* de nos anciens titres, lesquels, dit M. Guérard (3), étaient des espèces de fermiers occupant une petite location (hospitium) et n'ayant que l'usufruit de leurs possessions. Seulement le dénombrement de 1372 constate que les sous-manans du Pont-Remy payaient une redevance en cire

(1) Item cerocensualis (*sic*) homo non habens heredem suæ conditionis legitimæ, in lecto ægritudinis constitutus nihil legare sive alienare poterit, sed totum quod possidet, redit thesaurario sive plebano, *nisi conditionaliter cerocensualis factus fuerit* (et) hoc probare valeat per idoneos, vel per privilegium vel publicum instrumentum. (Grimm. Weisthumer, tom. 3. page 126. *Wachszinsige in Münsterland.*

(2) Dénombrement de la terre de Pont-Remy, Ms. déjà cité.

(3) Prolégomènes du Cartulaire de S. Père de Chartres, page XXXVI.

non seulement en reconnaissance de leur condition personnelle, mais encore en reconnaissance du droit qu'ils avaient d'envoyer leurs bestiaux au pâturage commun.

18. Le relief était aussi un cens recognitif de la condition des personnes.

Le relief payé à l'occasion du mariage s'appelle *maritagium, marchetta, cullage.* Il figure dans quelques coutumes comme rachat du droit que prétendaient avoir certains seigneurs de cueillir la première fleur de l'hyménée sur leurs sujettes.

« J'ai vu, dit Boerius, juger dans la cour de Bourges, devant le métropo-
» litain, un procès d'appel où le curé de la paroisse prétendait que, de vieille
» date, il avait la première connaissance charnelle avec la fiancée, laquelle
» coustume avait été annulée et changée en amende. J'ai ouï dire encore,
» ajoute-t-il, que quelques seigneurs gascons avaient droit, la première nuit
» des nôces, de poser une jambe nue a côté de la jeune épouse (1). » Le même droit existait aussi en Allemagne. Le maire de Murc près Zürch, prêtera au futur un pot où il puisse faire cuire une brebis. Il assistera au repas des nôces et, quand les convives seront retirés, le nouvel époux le laissera coucher avec sa femme, sinon il la rachetera par cinq schillings et quatre pfennings (2).

L'évêque d'Amiens exigeait de toutes les personnes nouvellement mariées une indemnité pour leur permettre de coucher avec leurs femmes la première, la deuxième et la troisième nuit des nôces ; mais un arrêt du parlement du 19 mars 1409 lui interdit l'exercice de ce droit (3). Le rôle de l'évêché d'Amiens de 1302 qui contient la déclaration de tous les droits que le prélat avait dans la ville, ne fait aucune mention de celui-ci. Seulement, sous la rubrique : *chi parolle du respit de Saint-Fremin*, est exprimée l'obligation où étaient tous les nouveaux époux de payer 4 setiers de vin pour droit de mariage.

« A *Auxi-le-Château*, quant aucun estranger se allye par mariage à fille ou
» femme estant de la nacion d'Auxi ou demeurant en icelle ville, ils ne
» pœuvent, la nuit de la feste de leurs nœupches, couchier ensamble sans avoir
» obtenu congié de ce faire du seigneur ou de ses officiers, sous peine de
» LX sols parisis d'amende (4).

(1) Boerius, decis. 297. — Michelet, Orig. du Droit français, page 263.

(2) Grimm. D. R. A. page 384. note 2.

(3) Laurière, Gloss. 1. page 308.

(4) Voir l'art. 20 de cette coutume dans la 6.e série.

L'abbé de *Blangy en Ternois*, qui prenait le titre de comte et de baron exerçait le même droit au nom de son abbaye. « Se aucun se marie à aucune » femme estant et demeurant es mettes de ladite comté et baronnie et il y » vient faire sa résidence, avant de coucher avec sa femme, il est obligé » de payer aux religieux et abbé deux sols pour le droit vulgairement ap- » pelé droit de cullage (1). »

Dans le plus grand nombre des coutumes, le *maritagium* se réduisait, pour les nouveaux époux, à l'offrande d'un mets ou régal de mariage. Ainsi à Drucat, il se rachète par un plat de viande et par une mesure de vin. — Nous avons, disent les seigneurs de Caenchi, de Saulx et de Richebourg, nous avons droit de mets de mariage, lequel se doit apporter, le jour des espousailles jusqu'au chasteau, par l'espouse avec les joueurs d'instruments : ledit mets doit estre composé d'un quartier de mouton, deux poullets, deux quartes de vin, quatre pains, quatre chandelles et du sel, à peine de LX sols d'amende. — Quant aucun de Genesville se marie, il est tenu, le jour de ses espousailles, de nous apporter audit lieu, un plat de viande, deux pains et ung pot de vin, les ménestriers précédens, qui s'appelle *plat nuptial*. — On doit aussi au seigneur de La Boullaie le régal de mariage, c'est-à-dire, que le jour de ses nôces, l'époux est tenu de venir avec des musiciens, offrir au seigneur deux brocs de vin, deux pains et une épaule de mouton. Avant de se retirer il doit sauter et danser (2).

Le *maritagium* tire son origine de l'affranchissement ou au moins de l'adoucissement de la servitude primitive. En effet, on se demande si ce droit a jamais été exigé en nature. Quand on songe au pouvoir illimité qu'un maître avait sur ses esclaves de l'un et de l'autre sexe, il est bien permis de le supposer. Celui qui pouvait dire : cet homme est à moi, j'ai le droit de le cuire et de le rôtir, *ich mag ihn sieden oder braten* (3), était tout aussi fondé à ajouter : cette femme est à moi, les enfants qu'elle met au monde sont ma chose ; donc je puis lever sur elle le tribut du plaisir et féconder le sein dont le fruit m'appartient. En élevant leurs esclaves à la condition de sujets, les maîtres devenus seigneurs ont remplacé par une indemnité le droit auquel ils renonçaient, mais longtemps encore ils ont conservé la tradition de ce droit, moins comme une alternative à laquelle ils pourraient avoir recours en cas de non paiement de l'indemnité stipulée, que comme

(1) Voir la 6.e série.

(2) Michelet, *ut suprà*, page 263. 266.

(3) Das heizt, *ich kann mit ihm umgehen wie ich will*. (Grimm. *ut suprà*, page 345).

moyen de rappeler aux descendants de leurs affranchis le souvenir de leur condition originelle.

19. Dans les anciens livres de cens, le *maritagium* et le *mortuarium* se trouvent souvent accolés l'un à l'autre, ce qui semblerait établir que ces deux droits procèdent de la même cause. — L'évêque Heda, en Allemagne, outre les six deniers de cens qu'il percevait annuellement sur chaque serf, dans ses domaines, recevait deux sols de *morte main* et deux sols pour *droit de mariage* (1). — Le serf, pour le *congé du mariage*, ne paie qu'un écu d'or ou une peau de bouc, mais s'il meurt, son héritier doit laisser le seigneur choisir la meilleure pièce de son mobilier (2).

Le *mortuarium* avait cela de particulier qu'il consistait presque toujours soit dans le meilleur cheval de l'écurie, soit dans la meilleure tête de bétail, soit dans la meilleure pièce de la garde-robe, et c'est pour cela qu'on l'appelait *optimum caput*, *valentius caput*, dans la basse latinité, *meilleur catel*, dans l'idiome roman, et *beste haupt*, *beste houbet*, dans le langage tudesque.

M. Grimm, dans ses Antiquités du droit allemand, cite un grand nombre de textes qui montrent toutes les péripéties de cette coutume depuis le huitième siècle jusqu'au seixième. Dans l'origine, lorsqu'il s'ouvre une succession, le seigneur a droit de prendre, si c'est un homme, le meilleur cheval de son écurie ou, s'il n'a point de chevaux, le meilleur bœuf ou la meilleure vache de son étable, si c'est une femme, la meilleure pièce de sa garde-robe. Mais à mesure que les monuments cités se rapprochent des temps modernes, le *mortuarium* perd insensiblement de sa rigueur et la condition du censitaire s'améliore. — Ici le seigneur ne peut choisir le meilleur cheval que lorsque le cheval de selle a été mis de côté ; là, le meilleur cheval peut être racheté par six livres d'argent, et la meilleure pièce de la garde-robe par 12 deniers d'argent. Dans d'autres circonstances, ce n'est plus le choix mais le hasard qui détermine le droit du seigneur. — Le serviteur de l'abbé de Werden (*Westphalie*), un bâton blanc à la main, entrera à reculons dans l'écurie ou dans l'étable, et le cheval ou la vache qu'il touchera avec le bâton appartiendra à l'abbé et rien de plus (3). — Dans la juridiction d'Hildesheim, le laboureur donne le cheval qui vient après le meilleur, le métayer la vache qui vient après la meilleure et la femme la robe qui vient après la meilleure (4).

(1) Grimm. *ut suprà*, page 383.

(2) Ibid. — Michelet, *ut suprà*, page 263.

(3) Grimm. D. R. A. page 364 à 374.

(4) Ibid. p. 369.

Le même sentiment de justice et d'équité introduisit aussi dans les villes l'usage d'exclure de la perception du *mortuarium* les objets de la plus haute, comme ceux de la plus basse valeur. C'est ainsi qu'à Amiens où il s'acquittait par une prestation de 4 setiers de vin, on prenait, pour arriver à un moyen terme, 2 setiers de celui qui se vendait le plus cher et 2 setiers de celui qui était cotté au plus bas prix (1).

On se demande pourquoi le relief affectait différentes sortes d'objets suivant le sexe de l'héritier qui appréhendait la succession. Consultons les anciennes coutumes de la Westphalie, nous y trouverons l'explication de cet usage. Lorsque la succession consistait uniquement en meubles, c'était, presque toujours, la nature des objets trouvés au domicile mortuaire qui déterminait la part du seigneur, du conjoint et des enfants. Dans la réserve du fils aîné, (heergewede) figurent les habits de l'homme, son meilleur cheval avec la selle et la bride, un bœuf, un lit garni, une faucille, un sac, une hallebarde, une scie, un coffre assez long pour y renfermer une épée, un chaudron assez grand pour y introduire le pied chaussé et un pot d'une capacité suffisante pour y faire cuire une poule ; dans la réserve de la fille aînée, (grade) figurent les habits de la femme, les bijoux, tout ce qui peut se couper avec des ciseaux, les abeilles, les brebis, le lin, la cire, l'or et l'argent façonnés, un lit garni, un chaudron et un pot (2). Ainsi dans les deux cas, les habitudes, les convenances, et les besoins de chaque sexe déterminaient le préciput de l'aîné en spécifiant les objets qu'il pouvait prélever à ce titre. La même règle devait être appliquée pour fixer la nature du relief qui n'est lui-même qu'un prélèvement sur la part héréditaire.

De ce que les lois barbares ne font point mention du droit de meilleur catel, de ce que les monuments du VIIIe au XVIe siècle nous le montrent devenant de plus en plus favorable au censitaire, nous tirons la conséquence que ce droit, comme le *maritagium*, a eu pour cause l'adoucissement et l'affranchissement de la servitude. Il n'existe point dans l'état d'esclavage, parce que l'asservissement de la personne implique l'asservissement de la propriété et que le maître est le seul héritier du pécule de son *appartenant*. Mais du jour où la loi permet aux enfants de recueillir l'héritage de leur père, on voit le *mortuarium* apparaître comme une sorte de rachat de l'actif mobilier du serf décédé. De même, à partir du jour où elle prononce l'affran-

(1) *Deux sestiers du plus kier, et deux sestiers du plus bas fuer.* (Rôle de l'évêché, M.s déjà cité.)

(2) Grimm. Weisthumer, tom. 3. p. 103 : *Rietberger landrecht*, art 10 et 12. — Ibid. p. 163: *Hofsrechte von Dorsten*, art. 3.

chissement, le cens payé par l'héritier ne pouvant plus avoir de signification quant aux biens, n'est plus qu'une sorte de relief de la liberté donnée à l'affranchi et un renouvellement symbolique du contrat qui la lui a garantie.

L'assujettissement des grands vassaux au paiement d'un droit analogue au *mortuarium*, loin de détruire notre opinion, ne fait au contraire que lui prêter une nouvelle force.

En effet, à côté du servage forcé n'y avait-il pas le servage volontaire qui assimilait le gentilhomme au vilain et l'homme libre au sujet, au point qu'il est souvent difficile de déterminer, par le seul rapport des prestations, la ligne qui séparait ces deux classes de personnes? Le vasselage n'avait-il pas tous les caractères d'un pacte de famille, d'une adoption politique, et, par les devoirs qu'il imposait, toutes les apparences de la servitude? Par la vertu de ce contrat, le vassal passe dans la maison d'un seigneur pour le servir soit à la guerre, soit en sa cour; le seigneur le reçoit dans sa foi. *in truste*, l'enrôle parmi ses fidèles, le nourrit à sa table, l'astreint à un service journalier auprès de sa personne, l'y attache par des présents et des largesses, quand il est de condition noble, par un salaire et des gratifications, quand il est seulement de condition libre. — De-là, la distinction entre les *officiales*, les servans nobles, et les *ministeriales* les servans non nobles dont nous avons déjà parlé (p. 249-9).

Le vassal, comme le serf affranchi, était soumis aux prestations du *maritagium* et du *mortuarium* et quelquefois à des services de corvées de la nature la plus humiliante. — « Le seigneur de Barlin a un certain droit de *cu-*
» *lage* qui est tel que toutes femmes qui tiennent fiefs de lui, toutes et
» quantes fois qu'elles se maryent ou changent de mary, sont tenues payer
» relief de bail. » Le vassal noble, pas plus que le serf, n'avait la liberté du mariage sans le consentement de son seigneur. Le relief de bail que le mari payait pour les fiefs de sa femme tenait, jusqu'à un certain point, du *maritagium;* de même le relief de succession et le chambellage que payait l'héritier étaient un véritable *mortuarium.* — Les lois anglo-normandes de Guillaume-le-Conquérant, sous l'expression générale de *relief*, comprennent aussi bien les obligations des vassaux que celles des serfs. Le relief du *comte* vassal du roi consiste en 8 chevaux sellés et bridés, plus 4 hauberts, 4 casques, 4 écus, 4 lances, 4 épées; celui du *baron* en 4 chevaux sellés et bridés, plus 2 hauberts, 2 casques, 2 écus, 2 lances, 2 épées. Le *Vavasseur* doit seulement le cheval et les armes que son père possédait au jour de son décès; et le *ri-*

lain donne, aussi à titre de relief, son meilleur cheval ou sa meilleure vache (1).

Ainsi, par la mort assimilation complète du vassal noble, non noble et du serf. L'héritier ne peut appréhender la succession mobilière de son prédécesseur que sous la réserve du meilleur catel ou d'un droit équivalent, non pas parce que le seigneur est propriétaire de la succession, mais parce que celui qui la relève doit être averti des devoirs qu'elle impose. Le relief signifie le renouvellement d'une obligation ou d'un droit que la mort vient d'éteindre. Il signifie que celui qui l'accomplit, s'il appartient à la classe des ingénus, n'a plus toute sa liberté et, s'il appartient à la classe des affranchis, qu'il ne l'a pas récupérée tout entière. Pour justifier cette proposition nous ne citerons qu'un seul exemple qui nous est fourni par l'une des coutumes locales de la prévôté de Vimeu. — A Oisemont, le fils de bourgeois qui succède à son père est obligé, avant d'entrer en bourgeoisie, de porter la potence, c'est-à-dire, l'image du gibet, le symbole du supplice réservé au vilain qui a mérité la mort (2). Evidemment un semblable relief est caractéristique de la servitude passée. Il attache une sorte de flétrissure à la liberté de l'affranchi, pour qu'on ne puisse jamais la confondre avec la liberté de l'ingénu.

A Amiens, pour les habitans que l'érection de la commune avait dégagés des liens de la servitude, la tradition de l'affranchissement se perpétuait par le paiement d'un cens qu'on nommait le *respit de Saint-Firmin.* Toute personne issue de la bourgeoisie, mariée ou veuve, était perpétuellement soumise à la perception de ce droit dont les célibataires seuls étaient exempts. Ce droit qui était primitivement de 4 deniers, fut réduit à trois deniers payables, tous les ans, le jour de la fête du bienheureux martyr. Au mariage, il était dû 4 setiers de vin, à l'entrée en commune, 18 deniers, à la mort, 4 setiers de vin, parce que chacun de ces événements nécessitait la radiation ou l'inscription d'un nom sur le rôle du respit (3). Quoique profitant

(1) Leges Willel. cap. 22, 23, 24 et 29. *Canciani* tome IV. page 553, 554 et 555.

(2) Voir ci-dessus page 414, art 6.

(3) Gaufridus, divinâ permissione, Amb. ecclesie minister humilis.... Cum inter nos ex unâ parte, et majorem et cives ambianenses ex alterâ parte, diutiùs contentio verteretur, super eo, quod petebamus quatuor denarios de *respectû* a quolibet homine uxorato existente de communiâ, qui mercabatur Ambiani, et esset suscriptus in Tabulâ S. Firmini Martyris; tandem de consilio et confessione virorum venerabilium decani et capituli nostri Ambianensis, inter nos et præfatos cives, ad pacem pervenimus in hunc modum.... Nos, siquidem, mitiùs agere volentes cum civibus memoratis, ordonavimus pro bono pacis, quod vir et uxor ejus, in vitâ suâ, tres denarios monete currentis Ambianensis, in festo præfati martyris, *pro respectû suo*, annuatim persolvent et sic de theloneo suo immunes erunt per annum.... Si autem vir vel uxor ejus decesserit, nihilominus ille qui superstes erit, tres denarios persolvet...

au prélat, le respit n'était réellement payé qu'en considération (*sub respectû*) du saint sous le vocable duquel l'église était placée. L'affranchissement qui s'accomplissait avec toutes les solennités de la religion ne pouvait pas se concilier avec l'idée d'une dépendance personnelle, par la raison que le droit de patronage était toujours inhérent à celui qui concédait la liberté. Le cens en effet marque toujours la relation de l'affranchi avec le patron. Plus le rang de celui-ci est élevé, plus grande est la distance qui le sépare de la servitude, plus haute par cela même est la position de celui qu'il en fait sortir. L'affranchi du seigneur est moins que l'affranchi du roi, et l'affranchi du roi moins que l'affranchi de l'église. Celui dont la manumission a été consentie à la face des autels n'a plus d'autre patron que la divinité. Il peut marcher l'égal de ceux qui sont nés de parens libres : *tamquam si à liberis ortus fuisset parentibus* (1). Le respit de Saint-Firmin est donc tout à la fois une reconnaissance traditionnelle du grand événement qui marqua l'affranchissement de la commune d'Amiens et un témoignage que la liberté des habitans, ayant été conquise les armes à la main, était aussi complète que possible et ne pouvait se rapporter qu'à la protection du saint sous

Sciendum est quod non poterimus aliquo modo contradicere, quin omnes qui de communiâ extiterint, aut qui communiam jurare voluerint, sub prædicto respectu trium denariorum, in tabulâ recipiantur prædictâ : omnes etiam illi, qui de communiâ fuerint, oportebit ut intrent in tabulâ, et ut nomina singulorum in eâdem conscribantur. (Charte de 1226. Voir Du Cange, Gloss. v.° *Respectus*.)

CHI PAROLE DU RESPIT DE SAINT FREMIN.

Sachent tout chil qui kuellent le respit Saint Fremin. Que tout li bourgois doivent iij par. (sic) chascuns, et les veves autant a rendre a le Saint Fremin chascun an : Et qui se marie il doit iiij sestiers de vin ij sestiers du plus kier et ij sestiers du plus bas fuer ; Et qui entre en le commungne il doit XVIII deniers. Son a li sergens iij deniers qui doit amener chelui qui entre en le commugne a chelui qui kuelle le respit.

Tout chiaus qui sont estrait de bourgoisie d'Amiens et manans as viles doivent chascun iij deniers et le vin des neuches et le vin des cors fors de chiaus du capitre qui ne doivent que doubliau denier. j. autant de vin pour leur neuches. j. autant de vin pour leur cors. que li bourgois qui sont manans à Amiens. Exceptes chiaus de Polainville qui ne paient ne cors ne neuches fors ij deniers s'il ne vont hors manoir de chele vile.

Ne si ne doivent nient chiaus qui nont femmes ou nont eues. Et si sont tous iours kuite.

Tres kachou quil se marient, ne se puet nus oster du respit Saint Fremin ne li respiteur ni puent mettre arme se il nen est de droit estoc.

Sache bien que uns hons qui prent femme qui soit du respit ou femme prenge baron qui en soit, il nen pueent jamais estre hors ne leurs enfants ; ne leur femme nen puet estre hors puis que ses barons sera mors. Et selle prent autre baron puis chele eure quil la espousée, il est entres el respit Saint Fremin. Et ausi est-il del home se se femme muert et il prent autre femme. Ele est du respit. Ausi est li barons apres se ele en prenoit cent. (Rôle de l'Evêché, M.s déjà cité.)

(1) A vinculo servitutis, ob amorem dei, te absolvo civemque romanum instituo, ut ab hinc, christo favente, in tuo jure et potestate consistens, ita vivas ingenuus civisque romanus, tamquam si a liberis ortus fuisses parentibus. (Du Cange, Gloss. V.° *Manumissio*.

la bannière duquel ils avaient combattu pour l'obtenir. Il avait, par rapport à leur état personnel, la même signification que la prestation du cierge d'offrande du seigneur de Picquigny, par rapport à l'alleu qu'il avait soumis volontairement à la mouvance de l'évêché d'Amiens. La déclaration de ce seigneur qu'il tenait cet alleu en fief *du bras de Monseigneur Saint-Firmin*, se symbolisait dans cette offrande qui était la négation absolue de toute idée de dépendance et de sujétion féodale.

Ainsi le cens personnel, le *maritagium*, le relief de succession, le relief de bourgeoisie se référaient à la condition des personnes, et, dans les villes où la liberté des citoyens était le mieux garantie, ces prestations n'étaient autre chose que la reconnaissance implicite du contrat d'affranchissement.

Avril 1845.

AMIENS. — IMPRIMERIE DE DUVAL ET HERMENT, PLACE PÉRIGORD, 1.

www.ingramcontent.com/pod-product-compliance
Ingram Content Group UK Ltd.
Pitfield, Milton Keynes, MK11 3LW, UK
UKHW020527180726
13839UKWH00005B/2348